BEI GRIN MACHT SICH IHR WISSEN BEZAHLT

AF139847

- Wir veröffentlichen Ihre Hausarbeit,
  Bachelor- und Masterarbeit

- Ihr eigenes eBook und Buch -
  weltweit in allen wichtigen Shops

- Verdienen Sie an jedem Verkauf

Jetzt bei www.GRIN.com hochladen und kostenlos publizieren

Bibliografische Information der Deutschen Nationalbibliothek:

Die Deutsche Bibliothek verzeichnet diese Publikation in der Deutschen National-
bibliografie; detaillierte bibliografische Daten sind im Internet über http://dnb.d-
nb.de/ abrufbar.

Impressum:

Copyright © 2017 GRIN Verlag
Druck und Bindung: Books on Demand GmbH, Norderstedt Germany
ISBN: 9783668935945

Dieses Buch bei GRIN:

https://www.grin.com/document/470534

Simon Ehehalt

Trainingsplan für Studenten. Zielsetzung, Makrozyklus und Mesozyklus

GRIN Verlag

GRIN - Your knowledge has value

Der GRIN Verlag publiziert seit 1998 wissenschaftliche Arbeiten von Studenten, Hochschullehrern und anderen Akademikern als eBook und gedrucktes Buch. Die Verlagswebsite www.grin.com ist die ideale Plattform zur Veröffentlichung von Hausarbeiten, Abschlussarbeiten, wissenschaftlichen Aufsätzen, Dissertationen und Fachbüchern.

Besuchen Sie uns im Internet:

http://www.grin.com/

http://www.facebook.com/grincom

http://www.twitter.com/grin_com

Deutsche Hochschule für

Prävention und Gesundheitsmanagement

Hermann Neuberger Sportschule 3

66123 Saarbrücken

Einsendeaufgabe

Fachmodul:	Trainingslehre I
Studiengang:	BFÖ
Datum **Präsenzphase**	**20.02.2017 – 23.02.2017**
Name, Vorname:	Ehehalt, Simon
Studienort:	**Saarbrücken**
Semester:	**WS 2016**

Inhaltsverzeichnis

1 Teilaufgabe 1 – Diagnose

1.1 Allgemeine biometrische Daten

Tabelle 1: Allgemeine biometrische Daten

Allgemeine Daten	Personenangaben	Bewertung	Normwert
Geschlecht	Männlich		
Alter	27 Jahre		
Körpergewicht	95 kg		
Körpergröße	175 cm		
Körperfettanteil (KFA)	12 %	Normaler KFA	8,0 %-19,9 %
Segmentale Fettmasse	12,5 kg	Segmentale Fettmasse im Normbereich	8,42 kg (entspricht 8 % KFA) - 20,95 kg (entspricht 19,9 % KFA)
Berufliche Tätigkeit	Dualer Student		
Aktuelle und frühere sportliche Aktivitäten	7 Monate Fitness und Kraftsport ohne Trainingsplan		
Trainingsmotivation	Fett abbauen Muskelmasse aufbauen Stärker werden		
Zeitlicher Verfügungsrahmen	3 Tage pro Woche		
Trainingsumfang	90 Minuten pro Trainingseinheit		
Leistungsstufe	Eher trainiert		
Blutdruck	Systolischer Blutdruck 118 mmHg Diastolischer Blutdruck 78 mmHg	Optimaler Blutdruck: Systolischer Blutdruck unter 120 mmHg Diastolischer Blutdruck unter 80 mmHg	Normaler Blutdruck: Systolischer Blutdruck unter 130 mmHg Diastolischer Blutdruck unter 85 mmHg
Orthopädische Probleme	Keine		
Internistische Probleme	Keine		
Einnahme von Medikamenten	Keine		
Ärztliche Behandlungen	Keine		
Sonstige Einschränkungen	Keine		

Die Person befindet sich in einem gesundem Zustand. Der Athlet leidet an keinen Einschränkungen oder Erkrankungen, die seine Belastbarkeit und Trainingsmotivation beeinträchtigen könnten. Seine bereits gesammelte Trainingserfahrung sowie seine Trainingsmotivation werden auf die weitere Trainingsplanung Einfluss nehmen.

1.2 Krafttestung

1.2.1 Begründung und Ablauf des Testverfahrens

Der gesunde Sportler konnte bereits ohne Trainingsplan Erfahrungen im Fitness und Kraftsport sammeln, wodurch ein X-RM Test (der sogenannte „Individuelle-Leistungsbild-Test" - kurz „ILB-Test") nach dieser Orientierungsphase zur Ermittlung von Referenzwerten und Berechnung von Intensitäten dient. Nach dem ILB-Grobraster ist der Trainierende mit seiner Erfahrung als Geübter einzustufen, da er schon mehr als 6 Monate, aber nicht länger als 1 Jahr trainiert. Daraus ergibt sich für die künftige Trainingsplanung die Organisationsform des Ganzkörpertrainings, die 2-3 Trainingseinheiten pro Woche, 1-2 Übungen pro Muskel, 2 Sätze pro Übung und eine Intensität von 60-80 %. Die Essenz des ILB-Tests ist das maximale Gewicht zur gewünschten Wiederholungszahl, mit der letztendlich auch trainiert werden soll, zu ermitteln. Es handelt sich hierbei um einen submaximalen Krafttest, der genutzt wird, um eine Maximallast für eine vorher festgelegte Wiederholungszahl zu bestimmen. Zudem ist dieser Krafttest wesentlich gelenkschonender als ein 1 RM-Test (Krafttest bei dem die Maximalkraft über eine konzentrische Bewegung ermittelt wird).

1.2.2 Detaillierter Testablauf

Es wird sich anhand der Trainingsmotivation auf den Schwerpunkt Hypertrophie festgelegt, diese Trainingsart charakterisiert sich durch 8-15 Wiederholungen (WH). Anhand dieser Wiederholungszahlen werden die maximalen Gewichte festgestellt. Vor dem Krafttest wärmt sich der Sportler auf, um sich auf das Training vorzubereiten, Verletzungen vorzubeugen und physiologisch und psychologisch leistungsbereiter zu sein. Begonnen wird mit einem allgemeinem Aufwärmen, durch die mentale Einstellung auf das Training (positive Einstellung zum Training beibehalten, Probleme des Alltags aus dem Geist streichen, konzentriert und motiviert beginnen) und durch zehn Minuten Laufen oder Radfahren (zur Aktivierung und Mobilisierung des Herz-Kreislauf-Systems). Im Anschluss folgt das spezielle Aufwärmprogramm bei dem ein bis zwei Sätze für die trainierende Muskelgruppe durchgeführt werden (zur Stimulierung der Muskelgruppen), dabei sollte die Intensität bei etwa 50 % des ersten Gewichtes betragen und lediglich 5-10 Wiederholungen ausgeführt werden, damit der Muskel nicht vorzeitig ermüdet. Anschließend folgt der erste Testsatz mit den vorgegebenen 15 Wiederholungen des darauffolgenden Mesozyklus (Kraftausdauertraining). Es sollen höchstens drei Sätze abgeschlossen werden, da es sonst zu einer erhöhten Ermüdung der Muskelgruppen kommt. Je nach subjektivem Belastungsempfinden wird das Testgewicht um 5 %, 10 % oder 25 % erhöht. Der Test ist erst beendet, wenn die letzte konzentrische Wiederholung gerade noch sauber ausgeführt werden konnte. Falls innerhalb der 3 Testsätze nicht die Maximallast erreicht wurde, werden bei der nächsten Einheit erneut 3 Testsätze anfallen um das endgültige Gewicht zu ermitteln.

Tabelle 2: X-RM Test nach ILB-Methode

X-RM Test nach ILB-Methode					
Testübung	WH	1. Testsatz	2. Testsatz	3. Testsatz	Ergebnis
Beinpresse horizontal	15	100 kg	105 kg	Abbruch nach der zehnten Wiederholung mit 110 kg	105 kg
Sitzender Bein- beuger an der Maschine	15	20 kg	25 kg	30 kg	30 kg
Brustpresse horizontal	15	60 kg	65 kg	70 kg	70 kg
Latzug vertikal	15	65 kg	70 kg	Abbruch nach der siebten Wiederholung mit 75 kg	70 kg
Butterfly an der Maschine	15	20 kg	25 kg	30 kg	30 kg
Rudern an der Maschine	15	60 kg	65 kg	Abbruch nach der zwölften Wiederholung mit 70 kg	65 kg
Rückenstrecken am Gerät	15	40 kg	50 kg	60 kg	60 kg
Crunches an der Maschine	15	30 kg	35 kg	40 kg	40 kg

1.2.3 Schlussfolgerung für die weitere Trainingsplanung

Ein interindividueller Leistungsvergleich ist durch zu viele Störgrößen nicht möglich. Doch durch die Standardisierung der Testmethodik (Geräteeinstellungen und Regenerationszeiten einhalten) ist es möglich intraindividuell Referenzwerte zu ermitteln, das Leistungsvermögen zu dokumentieren und Trainingsintensitäten direkt abzuleiten. Da sich der X-RM Krafttest in der ILB-Methode widerspiegelt, empfiehlt es sich zur weiteren Trainingsplanung diese Art des Krafttrainings zu nutzen. Mit den ermittelten Werten des Tests wird der Sportler die nächsten 6 Wochen im ersten Mesozyklus trainieren. Auffallend bei den Testergebnissen ist das Kräfteverhältnis von Unter- und Oberkörper, wobei der Unterkörper wesentlich schwächer ist. Dies wird sich auf die Übungsabfolge in der folgenden Trainingsplanung auswirken.

2 Teilaufgabe 2 - Zielsetzung/Prognose

Tabelle 3: Bewertung der Diagnosedaten

	Bewertung	Normwert
Blutdruck	Optimaler Blutdruck	Unter 130 mmHg/ unter 85 mmHg

Tabelle 4: Ableitung von Zielen

Inhalt	Ausmaß	Zeit
Muskelaufbau	2 kg	6 Monate
Kraftsteigerung	10 %	6 Monate
Fettabbau	2 kg	6 Monate

Anhand der biometrischen Daten des bereits erfahrenen Athleten sind keine gesundheit-lichen Einschränkungen erkennbar, die seine Belastbarkeit zum Erreichen seiner Ziele beschränken könnten. Der Sportler hat einen optimalen Blutdruck, da der Normwert des optimalen Blutdrucks in der Systole unter 120 mmHg und in der Diastole unter 80 mmHg liegt. Der Normwert des normalen Blutdrucks liegt in der Systole unter 130 mmHg und in der Diastole unter 85 mmHg (Mancia et al., 2013, S. 1286). Entsprechend dem Leistungslevel wurden dem Sportler realisierbare Ziele gesetzt. Sowohl der Aufbau von 2 kg Muskelmasse als auch die Kraftsteigerung von 10 % Belastungsintensität ist für einen fortgeschrittenen Athleten möglich. Ein weiterer Effekt des Krafttrainings ist die Körperfettreduktion. Generell ist ein Fettabbau von 250-500 g pro Woche realisier-bar (Eifler, 2016). Aufgrund dessen wurde eine Fettreduktion von 2 kg in 6 Monaten als Ziel gesetzt.

3 Teilaufgabe 3 - Trainingsplanung Makrozyklus

Tabelle 5: Makrozyklus für Geübte nach der ILB-Methode

	Mesozyklus I: Kraft-ausdauertraining		Mesozyklus II: Muskelaufbau		Mesozyklus III: Muskelaufbau		Mesozyklus IV: Maximalkrafttraining
Zyklusdauer	6 Wochen		6 Wochen		6 Wochen		6 Wochen
Organisation	Ganzkörpertraining		Ganzkörpertraining		Ganzkörpertraining		Ganzkörpertraining
Einheiten/ Woche	3		3		3		3
Übungen/ Muskelgruppe	2		2		2		2
Sätze/ Übungen	2	X-RM Test	2	X-RM Test	2	X-RM Test	2
Wiederholun-gen	15		10		8		5
Satzpausen	60 Sekunden		90 Sekunden		90 Sekunden		120 Sekunden
Intensitäten	60-80 %		60-80 %		60-80 %		60-80 %
Tempo (ex-zentrisch/ sta-tisch/ kon-zentrisch)	langsam (4/ 1/ 2)		zügig (2/ 0/ 2)		zügig (2/ 0/ 2)		explosiv (3/ 0/ X) X = explosiv

3.1 Begründung der Wahl der Trainingsmethode

Der Sportler trainiert im Bereich des Gesundheits- und Freizeitsports und möchte neben Muskeln aufbauen und Fett verlieren auch stärker werden. Die ILB-Methode eignet sich bestens zum Erreichen dieser Ziele, da es sich bei dieser Methodik um ein ganzheitliches Training handelt bei der Kraftausdauer, Hypertrophie und Maximalkraft trainiert werden können. Zudem werden die Gelenke bzw. der gesamte Bewegungsapparat durch die submaximale Belastung geschont. Ebenso konnte mit dieser Methodik auch bei Fortgeschrittenen eine Kraftsteigerung von rund 14 % erreicht werden (Eifler, 2000).

3.2 Begründung der Belastungsparameter

3.2.1 Begründung der Belastungshäufigkeit

Es konnte festgestellt werden, dass bereits eine Trainingseinheit pro Woche für einen Sportler mit mindestens 6 Monaten Kraftsporterfahrung zu einem signifikanten Muskelzuwachs führen kann. Jedoch wurden bei zwei oder drei Trainingseinheiten ein deutlich größerer Zuwachs an Muskulatur verzeichnet, wobei drei Einheiten einen gering höheren Effekt hatten (Wirth, Atzor & Schmidtbleicher, 2007). Bei fortgeschrittenen Sportlern mit mindestens 2 Jahren Trainingserfahrung konnte ähnliches nachgewiesen werden, dennoch hatten zwei bis drei Kraftsporteinheiten eine wesentlich größere Wirkung (Wirth et al., 2007). Aus diesem Grund sind im Training dieses Sportlers 3 Trainingseinheiten pro Woche geplant.

3.2.2 Begründung der Belastungsintensität

Eines der Ziele des Trainierenden ist es Muskelmasse aufzubauen. Um entsprechende Effekte im Krafttraining zu erreichen, muss eine Trainingsintensität von mindestens 50 % der entsprechenden Maximalkraft angewandt werden (Guellich & Schmidtbleicher, 1999).

3.2.3 Begründung des Belastungsumfangs

Für den Sportler wurde ein Mehrsatz-Training mit 2 Sätzen geplant, nachdem er laut Trainingsalter (länger als 6 Monate und kürzer als 12 Monate) nach dem ILB-Grobraster als Geübter einzustufen ist. Bei dieser Art von Belastungsumfang wurde eine größere Kraftentwicklung verzeichnet (Buskies & Boeckh-Behrens, 2009). Auch Metaanalysen veranschaulichen die Überlegenheit des Mehrsatz-Trainings (Wolfe, Le Mura & Cole, 2004). Da der Sportler genug Zeit und die nötige Trainingsmotivation mitbringt, wurde sein Training dementsprechend geplant.

3.2.4 Begründung der Belastungsdauer

Der Makrozyklus des Sportlers besteht aus einem Kraftausdauer-Zyklus mit insgesamt 89 Sekunden Belastungsdauer, ein Hypertrophie-Zyklus mit 40 Sekunden Belastungsdauer, einem zweiten Hypertrophie-Zyklus mit 32 Sekunden Belastungsdauer und einem Maximalkraft-Zyklus mit 15 Sekunden Belastungsdauer. Bei Kraftausdauertrainings wird eine Satzdauer von 50-120 Sekunden empfohlen, 20-50 Sekunden bei einem Hypertrophietraining und bei Maximalkrafttraining wird eine Belastungsdauer von 15 Sekunden oder weniger nahe gelegt (Guellich & Schmidtbleicher, 1999). Anhand dieser Empfehlungen wurden die Satzdauern der einzelnen Mesozyklen für die Trainingsplanung des Trainierenden festgelegt.

3.2.5 Begründung der Belastungsdichte

Bei Trainingsintensitäten von ca. 60 % reichen Pausenzeiten von 45-120 Sekunden aus. Empfohlen wird bei Kraftausdauertrainings 30-60 Sekunden, während bei Belastungen mit Intensitäten von ca. 75 %, Pausenzeiten von 2-3 Minuten nahegelegt werden (Guellich & Schmidtbleicher, 1999). In einer Studie wurde bewiesen, dass bei Untrainierten kurze Satzpausen (ca. 60 Sekunden) deutlich stärkere hormonelle Reaktionen auslösen. Jedoch konnte nach einigen Wochen Training kein Unterscheid mehr festgestellt werden (Buresh, Berg & French, 2008). Anhand dieser Empfehlungen, der Wiederholungszahlen und der Intensitäten der einzelnen Mesozyklen, wurden die Pausenzeiten dementsprechend angepasst.

3.2.6 Begründung der Organisationsform

Da der Sportler 3 Mehrsatz-Trainings pro Woche umsetzt, sich im Bereich Freizeit- und Gesundheitssport bewegt und sich ein Ganzkörpertraining für jedes Leistungslevel eignet, führt der Trainierende diese Organisationsform in Kombination mit einem stationären Training aus. Für unseren Freizeitsportler eignet sich die klassische lineare Periodisierung (Intensitäten steigen progressiv an und Wiederholungen nehmen gleichzeitig ab), welche sich in Hinsicht auf die Kraftsteigerung als effektiver bewiesen hat als eine reverse lineare Periodisierung (Intensitäten nehmen schrittweise ab und Wiederholungen gleichzeitg zu) (Prestes, Lima, Frollini, Donatto & Conte, 2008).

4   Teilaufgabe 4 - Trainingsplanung Mesozyklus

Tabelle 6: Mesozyklus I: Stationäres Ganzkörper-Kraftausdauertraining

Stationäres Ganzkörper-Kraftausdauertraining							
Zyklusdauer: 6 Wochen							
Trainingseinheiten pro Woche: 3							
Übungen	WH	Sätze	Tempo (exzentrisch/ statisch/ konzentrisch)	Satzpausen	Intensität Woche 1-2	Intensität Woche 3-4	Intensität Woche 4-6
Beinpresse horizontal	15	2	langsam (4/1/2)	60 Sekunden	60 % von 105 kg	70 % von 105 kg	80 % von 105 kg
sitzender Beinbeuger an der Maschine	15	2	langsam (4/1/2)	60 Sekunden	60 % von 30 kg	70 % von 30 kg	80 % von 30 kg
Brustpresse horizontal	15	2	langsam (4/1/2)	60 Sekunden	60 % von 70 kg	70 % von 70 kg	80 % von 70 kg
Latzug vertikal	15	2	langsam (4/1/2)	60 Sekunden	60 % von 70 kg	70 % von 70 kg	80 % von 70 kg
Butterfly an der Maschine	15	2	langsam (4/1/2)	60 Sekunden	60 % von 30 kg	70 % von 30 kg	80 % von 30 kg
Rudern an der Maschine	15	2	langsam (4/1/2)	60 Sekunden	60 % von 65 kg	70 % von 65 kg	80 % von 65 kg
Rücken- strecken am Gerät	15	2	langsam (4/1/2)	60 Sekunden	60 % von 60 kg	70 % von 60 kg	80 % von 60 kg
Crunches am Gerät	15	2	langsam (4/1/2)	60 Sekunden	60 % von 40 kg	70 % von 40 kg	80 % von 40 kg

4.1 Begründung der Übungsauswahl

4.1.1 Begründung für Ganzkörpertraining

In einer Studie mit bereits trainierten Männern wurde festgestellt, dass nach Ganzkörpertrainings größere Hypertrophieeffekte als nach Split-Trainings zu verzeichnen waren (Schoenfeld et al., 2015). Aus diesem Grund trainiert der Sportler seinen ganzen Körper jede Trainingseinheit. Zudem hätte er sonst bei dieser Trainingshäufigkeit zu lange Pausen, wodurch die Superkompensation nicht mehr am höchsten Punkt wäre.

4.1.2 Begründung für Krafttraining an geführten Maschinen

Geführtes Krafttraining an Maschinen eignet sich bestens, um durch standardisierte Krafttests das Training zu diagnostizieren und Intensitäten über Gewichtsplatten zu steigern. Zudem ist das Verletzungsrisiko durch vorgegebene Bewegungsbahnen minimiert und die ausführenden Muskelgruppen können isolierter trainiert werden. Außerdem können schwere Gewichte durch die Fixierung des Sportlers an Maschinen bewegt werden (Trunz, 2003, S. 24).

4.1.3 Begründung der mehrgelenkigen Übungen

Bei mehrgelenkigen Trainingsübungen findet eine größere hormonelle Reaktion (erhöhte Ausschüttung von Testosteron, IGF 1 etc.) als bei eingelenkigen Übungen statt (McCall, et al., 1996). Daher folgen im Vergleich auf mehrgelenkige Kraftübungen größere muskuläre Adaptionen als auf eingelenkige Kraftübungen. Ebenso sind mehrgelenkige Übungen alltagsnah und sorgen so für ein ökonomisches Kräfteverhältnis.

4.1.4 Begründung der Übungsabfolge

Es werden erst die größeren Muskeln trainiert, damit die Synergisten die Agonisten bei der einzelnen Übung koordinativ unterstützen. Daher empfiehlt es sich die Synergisten nicht vorher auszulasten, da es sonst zu einer unsauberen Ausführung kommen kann.

Generell empfiehlt es sich mehrgelenkige, koordinativ anspruchsvollere Übungen, eingelenkigen, einfachen Übungen in der Trainingsplanung vorzuziehen.

Eine Studie berichtet auch darüber, dass ihre Probanden diese Übungsreihenfolge auch als weniger anstrengend empfunden haben (Sheikholeslami-Vatani, et al., 2015).

Der Krafttest veranschaulichte, dass die Kraftverhältnisse von Ober- und Unterkörper unausgeglichen sind. Daher wird nach dem Prioritätsprinzip zuerst die schwächste Muskelgruppe trainiert (Boekh-Behrens & Buskies, 2005, S. 62).

Aufgrund des Durchblutungsprinzips werden im Training Agonist und Antagonist abwechselnd belastet, dies führt zu einer erhöhten Durchblutung des belasteten Muskels (Boekh-Behrens & Buskies, 2005, S. 60).

Zuletzt wird die Rumpfmuskulatur belastet, um die nötige Stabilität bei den vorigen Übungen zu garantieren (Boekh-Behrens & Buskies, 2005, S. 161).

4.1.5 Detaillierte Übungsabfolge

Gestartet wird mit der Beinpresse. Bei dieser Übung wirken der vierköpfige Oberschenkelmuskel, der Beinbizeps und der große Gesäßmuskel am meisten. Als unterstützende Muskeln wirken der Rückenstrecker und der dreiköpfige Adduktor. Die Bewegung der Beinpresse spiegelt sich in einigen Alltagsbewegungen (z.B. Aufstehen aus einer sitzenden Position) wieder, zudem erleichtert die Beinmuskulatur die Arbeit beim Auf- oder Anheben schwerer Gegenstände im Alltag.

Generell ist die Muskulatur des Beinbeugers schwächer als die des Beinstreckers, daher wurde als zweite Übung das sitzende Beinbeugen am Gerät gewählt. Primär arbeiten Beinbizeps, der Plattsehnenmuskel und der Halbsehnenmuskel, während der Zwillingswadenmuskel unterstützt.

Die darauffolgende Übung ist die Brustpresse, da es sich hier um eine mehrgelenkige Übung handelt, wird sie dem Butterfly an der Maschine vorgezogen. Zielmuskel ist der große Brustmuskel und unterstützend wirken Trizeps, der vordere Teil des Deltamuskels, der Knorrenmuskel und der vorderen Sägemuskel. Das trainieren der Brustmuskulatur lässt den Sportler in Drück-Bewegungen stärker werden. Außerdem gehört die Brustmuskulatur zur inspiratorischen Atemhilfsmuskulatur (Muskulatur die beim Einatmen hilft).

Darauf folgt der Latzug vertikal. Dabei handelt es sich um eine komplexe, mehrgelenkige Übung, welche daher dem Ruderzug vorgezogen wird. Bei der Ausführung werden gezielt der breite Rückenmuskel, die unteren Fasern des Kapuzenmuskels, der kleine und große Rautenmuskel und der große Rundmuskel angesteuert. Unterstützt werden diese vom Rückenstrecker, dem Bizeps, dem Armbeuger und dem Oberarmspeichenmuskel. Ein starker Rücken kann hohe Zuglasten bewältigen. Ebenso wie der Brustmuskel gehört der breite Rückenmuskel auch einer Atemhilfsmuskulatur an, der exspiratorischen Atemhilfsmuskeln (unterstützende Muskulatur der Ausatmung).

Im Anschluss wird an der Butterfly-Maschine der große Brustmuskel und der vordere Teil des Deltamuskels trainiert. Hier werden weitaus weniger Muskeln angesteuert als bei der Brustpresse. Zielmuskel ist der große Brustmuskel und unterstützt wird er vom vorderen Teil des Deltamuskels.

Die fünfte Übung ist der Ruderzug, bei welchem der Sportler mit Hilfe eines Brustpolsters aufrecht gehalten wird. Primär werden bei der Ausführung der breite Rückenmuskel, der hintere Teil des Deltamuskels, der Kapuzenmuskel, der kleine und große Rautenmuskel und der Untergrätenmuskel belastet. Als Hilfsmuskulatur arbeiten Bizeps und Armbeuger.

Nun wird die Rumpfmuskulatur gezielt belastet. Begonnen wird mit Rückenstrecken am Gerät, bei dem der Rückenstrecker isoliert arbeitet.

Darauf wird der Antagonist, die Bauchmuskulatur, durch die Crunches am Gerät beansprucht. Gezielt werden der gerade Bauchmuskel und der pyramidenförmige Muskel angesprochen. Die schrägen Bauchmuskeln dienen als Hilfsmuskulatur. Durch eine gestärkte Rumpfmuskulatur wird eine höhere Stabilität für Wirbelsäule und Rumpf gewährleistet.

5 Teilaufgabe 5 – Literaturrecherche

Tabelle 7: Literaturrecherche: Effekte bei Rückenbeschwerden

Studie	Krafttraining bei chronischen lumbalen Rückenschmerzen Ergebnisse einer Längsschnittstudie	Effekte maschinengestützen Krafttrainings in der Behandlung chronischen Rückenschmerzes
Verfasser der Studie	Goebel S., Stephan A., Freiwald J.	Stephan A., Goebel S., Schmidtbleicher D.
Jahr der Publizierung	2005	2011
Versuchspersonen	Merkmale der Medizinischen Kräftigungstherapie (MKT) -Gruppe: 69 Personen, durchschnittlich 46,1 Jahre alt, 53 Männer, 16 Frauen, 63 davon berufstätig (davon 57 vollzeitbeschäftigt), 38 haben chronischen Rückenschmerz seit mehr als 6 Monaten, 8 Personen wegen Rückenschmerz krankgeschrieben. Merkmale der Kontrollgruppe (KT): 33 Personen, durchschnittlich 47,1 Jahre alt, 20 Männer, 13 Frauen, 30 berufstätig 24 davon vollzeitbeschäftigt, 18 haben chronischen Rückenschmerz, 8 Personen wegen Rückenschmerz krankgeschrieben.	Merkmale der Trainingsgruppe: 53,4 % Anteil an Frauen, durchschnittliches Alter 44,37 Jahre, durchschnittliche Körpergröße 174,52 cm, durchschnittlich 75,39 kg schwer, überwiegend sitzende Tätigkeit 56,9 %, sportlich inaktiv 34,5 %, Erfahrung im Krafttraining 27,6 %, Anteil mit Chronifizierungsgrad 87,9 %, Anteil mit Chronifizierungsgrad 2 12,1%, Anteil mit Kraftdefizit 22,2 %. Merkmale der Kontrollgruppe: 62,5 % Anteil an Frauen, durchschnittliches Alter 44,88 Jahre, durchschnittliche Körpergröße 170,4 cm, durchschnittlich 71,63 kg schwer, überwiegend sitzende Tätigkeit 62,5 %, sportlich inaktiv 43,8 %, Erfahrung im Krafttraining 12,5 %, Anteil mit Chronifizierungsgrad 1 75 %, Anteil mit Chronifizierungsgrad 2 25 % (Anteil mit Kraftdefizit 12,5 %. Merkmale der Kontrollgruppe:
Versuchsaufbau	Bei dieser Studie wurden die Lumbalextensoren bei chronischem Rückenschmerz isoliert über die MedX-Lumbar-Extension Therapiemaschine belastet. Zu Beginn noch 128 chronische Rückenschmerz-Patienten, konnten 102 zur nächsten Befragung erreicht werden. Aus 6 MKT-Praxen wurden die Probanden bezogen. Einschlusskriterien: chronischer Rückenschmerz seit mehr als 6 Monaten, mehr als zwei akute Lumbalgien pro Jahr innerhalb der letzten 2 Jahre, laufender Renten-	Bei dieser Studie wurde die Wirkung von apparativem Krafttraining bei Rückenschmerz-Leidenden im vorwiegend frühen Chronifizierungsstadium getestet. Die Teilnehmer wurden über die Medien geworben und anschließend über Ziele und Ablauf informiert. Einschlusskriterien: Rückenschmerz seit mehr als 12 Wochen, Chronifizierungsgrad 1 oder 2, Befähigung zum selbständigen Krafttraining nach Einschätzung des Arztes. Ausschlusskriterien: bekannte Osteoporose, instabi-

Versuchsaufbau	antrag, sensorische und/oder motorische Ausfälle und Indikation zur Bandscheibenoperation. Die Teilnehmer der KT kamen aus einem betriebsärztlichen Zentrum sowie aus vier orthopädischen Arztpraxen. Die KT wurde 13,2 Monate beobachtet, während die MKT-Gruppe 16,8 Monate beobachtet wurde. Die Kontrolle erfolgte einmal über einen Selbstbeurteilungsbogen der subjektiven Gesundheit und einen Funktionsfragebogen Hannover (Rückenschmerzversion) über die Funktionskapazität des Rückens.	le Herz-Kreislauf-Erkrankungen, akute Verletzungen und Entzündungen am Bewegungsapparat, motorische Ausfälle, aktueller/ehemaliger Kundenstatus beim Anbieter. Es wurden 488 Personen aus 18.167 Bewerbern ausgelost, davon wurden randomisiert von Trainings- und Kontrollgruppen im Verhältnis 3:1 auf 118 Einrichtungen verteilt. 392 wurden durch Einschlusskriterien aussortiert. 96 Personen wurden auf 65 Einrichtungen verteilt. 16 Teilnehmer aus der Kontrollgruppe (KT) in 16 Einrichtungen. 80 Teilnehmer aus Trainingsgruppe (TG) in 57 Einrichtungen. 22 Personen aus TG mussten abbrechen (Unverträglichkeit, private Gründe, Krankheit, kein Interesse mehr, zu geringe Trainingsfrequenz, unbekannte Gründe). Zum Messen von Schmerz und Beeinträchtigung wurden nach 3 und 6 Monaten die Schmerzskalen Pain Severity, Effects of Pain, eine numerische Ratingskala zur mittleren Schmerzintensität sowie der Oswestry Disability Index eingesetzt.
Relevante Ergebnisse und Schlussfolgerungen	Es wurde bei beiden Gruppen ein verringerter Rückenschmerz verzeichnet. Jedoch zeigte die MKT-Gruppe langfristige Verbesserung der Funktionskapazität und Schmerzreduktion, obwohl die MKT-Gruppe weniger medizinische Leistungen in Anspruch nahm als die KT. Dementsprechend erscheint MKT vielversprechend zur Vorbeugung von Rückenschmerz.	Das Krafttraining führte zu einer Schmerz- und Beeinträchtigungsreduktion. In der KT wurden keine bedeutenden Effekte verzeichnet. Die Effekte des Krafttrainings lagen im Erwartungsbereich. Das Krafttraining trug zur Verbesserung der Beschwerden bei.

6 Literaturverzeichnis

Boeckh-Behrens, W.U. & Buskies, W. (2005). *Fitness-Krafttraining. Die besten Übungen und Methoden für Sport und Gesundheit.* Reinbeck bei Hamburg: Rowohlt.

Buskies, W. & Boeckh-Behrens, W.-U. (2009). *Fitness-Gesundheits-Training. Die besten Übungen und Programme für das ganze Leben.* Reinbek bei Hamburg: Rowohlt.

Buresh, R. Berg, K. & French, J. (2008). The effect of resistive exercise rest interval on hormonal response, strength, and hypertrophy with training. *Journal of Strength and Conditioning* Research, 23 (1), 62-71.

Eifler, C. (2000). *Krafttraining nach der ILB-Methode – Eine empirische Überprüfung der Trainingseffekte bei Anfängern und Fortgeschrittenen.* Diplomarbeit, Universität des Saarlandes, Saarbrücken.

Eifler, C. (2016). *Trainingslehre I – Gesundheitsorientiertes Krafttraining* (Rev. 16.020.000). Saarbrücken: Deutsche Hochschule für Prävention und Gesundheitsmanagment.

Goebel, S. Stephan, A. & Freiwald, J. (2005) Krafttraining bei chronischen lumbalen Rückenschmerzen. Ergebnisse einer Längsschnittstudie. *Deutsche Zeitschrift für Sportmedizin,* 56 (11), 388-392.

Guellich, A. & Schmidtbleicher, D. (1999). Struktur der Kraftfähigkeiten und ihrer Trainingsmethoden. *Deutsche Zeitschrift für Sportmedizin,* 50 (7/8), 223-234.

Mancia, G. Fagard, R. Narkiewicz, K. Redòn, J, Zanchetti, A, Böhm, M. et al. (2013). 2013 ESH/ESC Guidelines for the management of arterial hypertension.   The task force for the management of arterial hyperten- sion of the European Society of Hypertension (ESH) and of the Euro- pean Society of Cardiology (ESC). *Journal of hypertension,* 31 (7), 1281–1357.

McCall, G.E., Byrnes, W.C., Dickinson, A., Pattany, P.M. & Fleck, S.J. (1996). Muscle fiber hypertrophy, hyperplasia, and capillary density in college men after resistance training. *Journal of applied physiology,* 81 (5), 2004–2012.

Prestes, J., Lima, C. de, Frollini, A. B., Donatto, F. F. & Conte, M. (2008). Comparison of linear and reverse linear Periodization effects on maxi- mal strength and body composition. *Journal of Strength and Conditioning Researc*h, 23 (1), 266-274.

Schoenfeld, B. J., Ratamess, N. A., Peterson, M. D., Contreras, B., & Tiryaki-Sonmez, G. (2015). Influence of Resistance Training Frequency on Muscular Adaptions in Well-Trained Men. *The Journal of Strenght & Conditioning Research*, 29(7), 1821.

Sheikholeslami-Vatani, S. & Ahmadi, S. & Salavati, R. (2015). Comparison of the Effects of Resistance Exercise Orders on Number of Repetitions, Serum IGF-1, Testosterone and Cortisol Levels in Normal-Weight and Obese Men. *Asian Journal of Sports Medicine*, 7 (1): e30503

Stephan, A. Goebel, S. Schmidtbleicher, D. (2011) Effekte maschinengestützten Krafttrainings in der Behandlung chronischen Rückenschmerzes. *Deutsche Zeitschrift für Sportmedizin*, 62 (3) 69-74.

Trunz-Carlisi, E. (2003). *Praxisbuch Muskeltraining. Effektive Übungen für Männer und Frauen.* München: Gräfe und Unzer Verlag.

Wirth, K., Atzor, K. R. & Schmidtbleicher, D. (2007). Veränderungen der Muskelmasse in Abhängigkeit von Trainingshäufigkeit und Leistungsniveau. *Deutsche Zeitschrift für Sportmedizin*, 58 (6), 178-183.

Wolfe, B. L., Le Mura, L. & Cole, P. J. (2004). Quantitative analysis of single- vs. multiple-set programs in resistance training. *Journal of Strength and Conditioning Research*, 18 (1), 35-47.

7 Tabellenverzeichnis